ชัยพัฒน์ ทองคำบรรจง　　พนัชกร อยู่สะบาย
Chaiyapat Tongkambunjong　Panatchakon Yusabai
紫雅帕・通甘班宗　著　帕納查功・尤薩拜　繪
　　　　　　　　　Pailin Peilin　譯

轉世為貓咪後，
生活剛剛好就美好 2

不假裝，不勉強，
有時什麼都不做，才是幸福

前言

你認為自己幸福嗎?

這些幸福從何而來呢?

當世界進步時,生活變得更舒適,

人們反而更難擁有幸福。

本來簡單的幸福,

為什麼要讓它變得更難呢?

很多時候,看著一隻貓感到幸福,

也反映了我們自己的幸福。

身為人類,難道就不能像貓那樣輕易地感到幸福嗎?

來反思一下我們自己的幸福,

用貓咪的視角,一起來看看吧!

目錄

Chapter 1　貓也知道的道理

16　從他人身上學習
20　滿月
24　別只當個影子
28　金錢買不到的東西

32　不照顧自己的幸福
36　魚、烏龜和青蛙
40　一張白紙

Chapter 2　別說人類不知道

48　天空的祕密
54　樹教會我的事
58　看不見的項圈
64　祈求不可能的事

68　疲憊的幸福
72　從未預料到的事
76　痛苦的種子
80　記憶和感覺

Chapter 3　就連貓也能懂

- *86*　平常事
- *90*　吸魂相機
- *94*　歌曲
- *98*　改變性格的水
- *104*　陽光
- *108*　看不見的事物
- *112*　未擁有
- *114*　言語

Chapter 4　人類也許只是忘記了

- *122*　何謂幸福
- *126*　親近的人
- *130*　家
- *134*　工作
- *138*　過橋
- *142*　硬幣的兩面
- *146*　孤獨的美好

「幸福真的有這麼困難嗎？」

幸福真的很難擁有嗎？
那麼，為什麼有些人什麼都不必做，就能感到幸福呢？

有時候，我們可能不自覺，
有時候，我們可能會忘記，
為了擁有幸福，真的必須這樣做嗎？
還是說，只是自己這樣認為？
認為必須跟著別人走，才能感到幸福。

我真正的幸福是什麼？
該怎麼做，才能真的感到幸福呢？

**只是模仿別人的成功，
就能稱作幸福嗎？**

**只是跟著別人做，
就能真的感到幸福嗎？**

明明是想要幸福，為什麼要讓它變得這麼困難？
為什麼要搞得這麼複雜？
為什麼要去模仿他人？
我們是否曾經問過自己這些問題呢？

從過去到現在,
大多數人的幸福從未相同,
幸福會隨著社會的需求而有所改變。

社會告訴我們什麼是幸福,
社會宣導哪些東西是幸福,
然後我們就輕易地接受了——
噢……就是那樣,
如果做了那些事情,我就能感到幸福。

這就是幸福嗎?
人類的幸福就這樣發展下去了。
這樣真的對嗎?

**「人類讓自己的生活變得越來越複雜,
幸福也變得越來越難以獲得。」**

人們或許沒有意識到這是件奇怪的事情，

人們或許認為這一切都很正常，

但像我這樣的貓，越看越覺得奇怪。

人類那種奇怪的幸福，

貓咪看了都感到困惑。

事情就是你看到的這樣，

我只是一隻貓，

一隻擁有簡單幸福的普通貓咪，

我不明白為什麼人類越來越難獲得幸福，

明明什麼都不用做，就能擁有幸福了呀。

人類不斷地進步、發展,
因此有許多職業可以選擇,
能夠成為各式各樣的角色。
有些人是醫生、護理師或老闆,
有些人是商人、明星或會計師。
但無論是什麼角色,
都不會比這更奇怪:人類不做自己。
更奇怪的是,人類還沒有意識到這一點。

對人類來說，貓也許什麼都不懂，
貓就只是寵物而已。

但像我這樣的貓，能夠做自己，並接受真實的自己，
所以，擁有幸福對我來說非常容易。

為什麼人類不能做自己？
為什麼人類喜歡不自覺地模仿他人？
為什麼光是為了追求幸福，就要設下那麼多條件？
**「有那麼多事情要做，自然會有很多困難，
於是幸福也就變得困難了。」**

Chapter 1

貓也知道的道理

從他人身上學習

能睡覺真是太幸福了。
在貓的心中,休息是最重要的事。
我們可以整天躺著,不管有沒有睡著都沒關係,
只要能靜靜地躺著,就心滿意足了。

今天又是這樣的一天，我整天都躺著。
醒來後也不想起床，
就繼續躺在這裡，
觀察其他貓和路過的人們。
躺下來觀察，其實也能學到東西呢。

我反而覺得這很輕鬆，
我們不必自己嘗試和犯錯，
我們看見別人所犯的錯和所受的苦，
這就是從周遭學習，無須到處尋找。

那隻在地貓居民三花貓，
今天早上跳上屋頂，就馬上打滑摔了下來，
因為那片屋頂又陡又滑。

看到這一幕，我就學到了──
絕對不要跳上那棟房子的屋頂。
這就是從別的貓咪身上學到的事。

當我躺著觀察人類，
我也學到了一些事。

人的壽命雖然比貓長，但也很短。
不管活得有多久，也不會超過一百年，
他們卻表現得好像會一直活下去。
一直都在工作賺錢，好像生命不會結束。
永遠都在拖延，好像時間不會用完。
這些例子不勝枚舉。
但奇怪的是，人類不想學習，
或者說，他們雖然知道，卻不是真的明白，
結果就這樣繼續下去，追隨自己的慾望。

「看見別人受苦，卻不以為意，
非得等到自己受苦了，才會明白。」
這就是所謂聰明人類的想法嗎？喵……

滿月

不久前,太陽隱沒在天邊,
月亮恢復了光芒,高高掛著。
曾經黑暗的夜晚回歸明亮,
這就是夜晚的魅力所在。

今晚的滿月真的很美,
美到像我這樣的貓也想抬起頭欣賞。

在午夜時分,
大多數的生物都已沉沉入睡,
生活中的喧囂漸漸消失,
取而代之的是寧靜。
我這隻還未入睡的貓,更能感覺到真正的放鬆。

對我而言，
月亮就好比幸福。

**雖然有時我們可能看不見幸福，
但它從未消失。
幸福一直存在著，
只是我們看不見而已。**

幸福可以跟月亮相比。
雖然白天時，太陽亮得讓我們看不見月亮，
但它總是在同一個地方。

月亮不曾消失過，
但當生活太過混亂，好比白天明亮刺眼時，
我們就看不見它了。
只是這樣而已。

當我們的心靜下來時，混亂就會消失了，
就像夜晚降臨一樣。
我們就會遇見幸福，
我們會看見月亮。

幸福從未消失,只是我們一時看不見而已。
「真正的幸福,就是不必做任何事,就能感到幸福。」
必須努力追求才能獲得的幸福,稱不上真正的幸福。

別只當個影子

影子來自光和物體的交會,
是某個物體的映照,
沒有實體,沒有自我,
只是模仿其他事物的存在,
影子終究只是個影子。

但身為一隻貓，
我看著影子時，看見了另一種意義。
影子其實教會了我們很多事。
影子只是影子，
但也不只是個影子，
因為它還蘊含著其他意義。

影子總是提醒著我:
別只是當別人的影子,
因為那樣我們就無法成為真正的自己。

如果只是看到別人做,只是看到別人喜歡,
沒有真正理解就盲目跟從,
我們就只是別人的影子。

那些讓別人感到幸福的事,
未必能讓我們真正感到快樂。

影子還告訴我一件事：
我們的行為也像影子一樣，
映照出我們內心的想法。
我們怎麼想，就會怎麼行動。
如果只想著模仿他人，
我們的行為也會不斷重複。

但是，我們的生活和幸福，
比模仿他人來得更有價值。
「屬於自己的幸福，
應該由自己來思考、來定義。」

金錢買不到的東西

這個世界上有許多重要的東西,
但有一樣東西,無論有多少錢也買不到,
那就是:**時間**。
當時間流逝時,無論怎麼做也無法回頭。

時間被認為是最寶貴的東西，
我們生來就具備有限的時間。
生命的時鐘已經開始運轉，
時間正在逐漸減少，不斷地流逝著。

今天的時間即將過去，
昨天的時間無法回頭修改，
所以，我們當下身處的這段時間最為重要。

「生命無法給予我們足夠的時間來憂傷。」
我每天都這樣對自己說。
該做的事就必須去做,
如果做了會讓自己感到不舒服,就別去做。
如果犯了錯,就坦然接受。
現在要做的事情比什麼都還重要。

昨天，唐大姐的白貓才剛走，

上週，杜小妹的橘貓剛過世，

我身旁的每隻貓都在不斷提醒我。

他們逐一離去，

就像時間在呼喊著：

「生命其實沒那麼長久，

想做什麼，就趕快去做吧。」

所以，大多數貓咪在離別時，並不會悲傷。

我不知道人類什麼時候才會醒悟，

我也不明白為什麼他們聽不見時間的呼喊。

「生命沒那麼長，為了金錢和煩惱而活著太不值得了。」

不照顧自己的幸福

這個世界上有很多有趣的事,
但我最想告訴你的是──
關於人類幸福的滑稽故事。

現代的人們總是在說,
自己喜歡幸福、想擁有幸福,
但是他們所謂的幸福,
卻總是交付在別人的手中。
如果別人不允許他們幸福,
他們就無法感到幸福。

那天,我看到潘阿姨的小孩小帕妹妹,
一有人對她不好,就難過了起來。
她的幸福,難道要等別人來創造嗎?

今天,我看到林阿姨的女兒小諾妹妹,
一被朋友忽視,就傷心了起來。
她的幸福,難道要等朋友來給予嗎?

這是正常的嗎?
我們總是會遇到說話好聽和說話難聽的人。
誰心情好,說話就好聽;
誰心情不好,說話就不好聽。
很多人常常成為自己情緒的奴隸,
而我們為什麼要一直做他們的奴隸呢?

想了想,身為貓的我也覺得滑稽。
嘴巴上說想要幸福,
卻不照顧自己的幸福,
總是期望他人來負責。

「自己的幸福,為什麼不自己照顧呢?
為什麼要把它寄託在別人的話語裡?」

魚、烏龜和青蛙

跟你說個故事吧。
昨天我在一個大池塘邊散步,
看見一條魚和一隻烏龜在爭吵誰比較厲害,
有隻青蛙則在一旁當聽眾。

魚說自己比烏龜好，游泳游比烏龜還快。

青蛙聽了說：「對，沒錯。」

烏龜說自己比魚好，能夠生活在陸地上，也能生活在水中。

青蛙聽了說：「這也是對的，沒錯。」

「全部都對」

魚和烏龜同時轉頭向青蛙抱怨：
「怎麼可能都是對的？有一個人說得對，
另一個人一定就錯。」

青蛙立刻回答：
「這也沒錯。」

就是這樣，

每個人說得都對，每個人想得都對，

每個人都以自己的視角來看世界。

自己的世界，想什麼都是對的。

這沒有錯，

因為這是根據自己的想法。

別人的世界也是一樣的。

他想得對、說得對，一樣也是根據他自己的想法。

不要浪費時間爭論不存在的對與錯。

「接受別人的想法，這也是正確的。」

一張白紙

我曾聽過一個關於幸福的傳說。
根據傳說,
如果想要一生都充滿幸福,
那就去尋找一張白紙。
當你找到它時,
你的一生就會一直幸福下去。

今天，我決定出發尋找白紙。
但傳說中能夠實現願望的紙，
必須是一張沒有任何黑點的白紙。

我精心挑選了上百張紙，
但每張都有黑點。
有些是小的，有些是大的，
這張那裡有黑點，那張這裡有黑點。
為什麼每張紙都有黑點呢？

我花了很多天的時間尋找白紙,
最後,我找到的每一張白紙,
仔細一看,都會發現上面有黑點。
這種情況頻繁發生,
我已經覺得這是再普通、再正常不過的事了。

雖然我找不到一張沒有黑點的白紙,
但我卻發現了一種看待人生的角度,
一個能讓生活幸福的觀點。

儘管白紙上有黑點,生活中可能會遇到不好的事情,
但白紙上白色的部分依然存在,
生活中美好的事情也依然存在,且隨處可見。
我們可以選擇看到紙張白色的部分,
我們也可以選擇看到生活美好的部分,
這樣,我們就能夠感到幸福。

因為每張白紙都在告訴我,

黑點是紙的常態,

是生活的常態,

既有好事,也有壞事,

有希望,也有失望,

有對,也有錯;有得,也有失,

這是再普通不過的事情了。

「一輩子只有好事的人生,是不存在的。」

期待尋找一張沒有黑點的白紙,

就像期待著一段充滿美好事物的人生一樣。

即使不斷尋找,也不可能找到。

那麼你呢?你在等待著什麼樣的生活呢?

那樣的生活,真的存在嗎……?

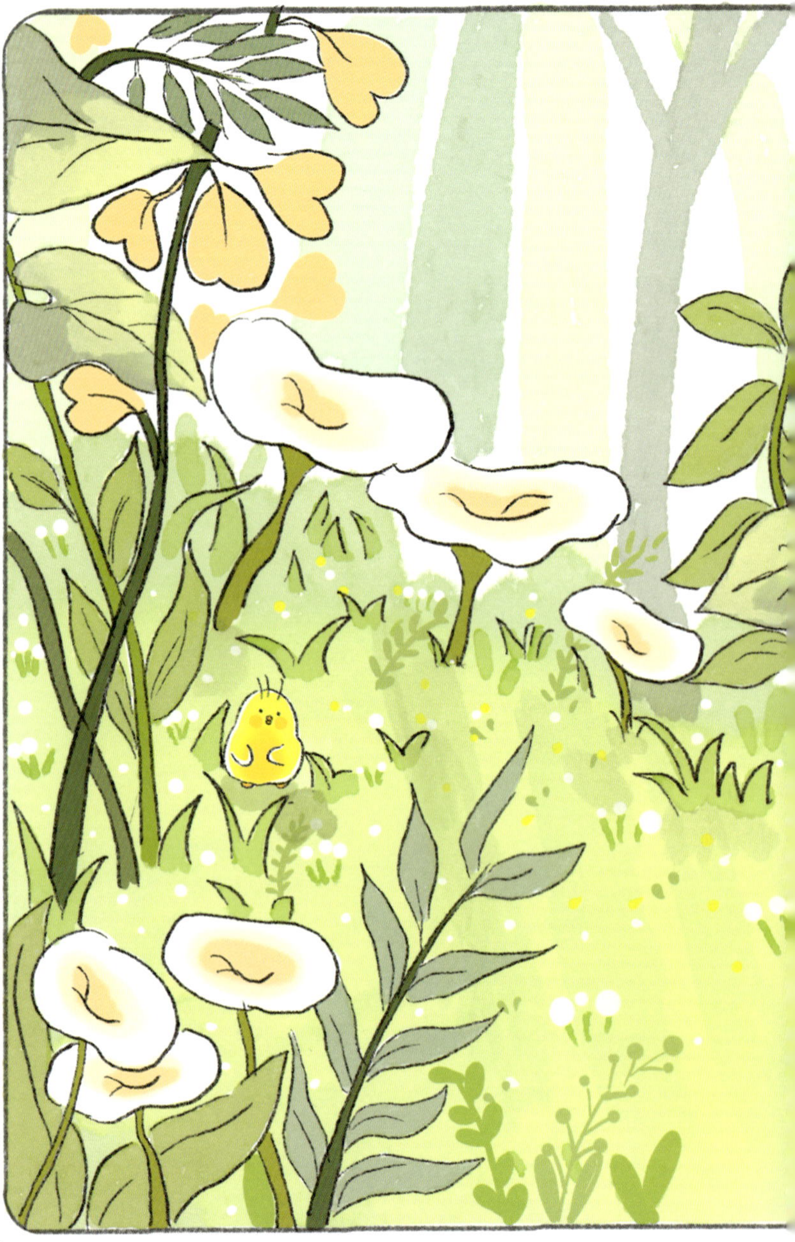

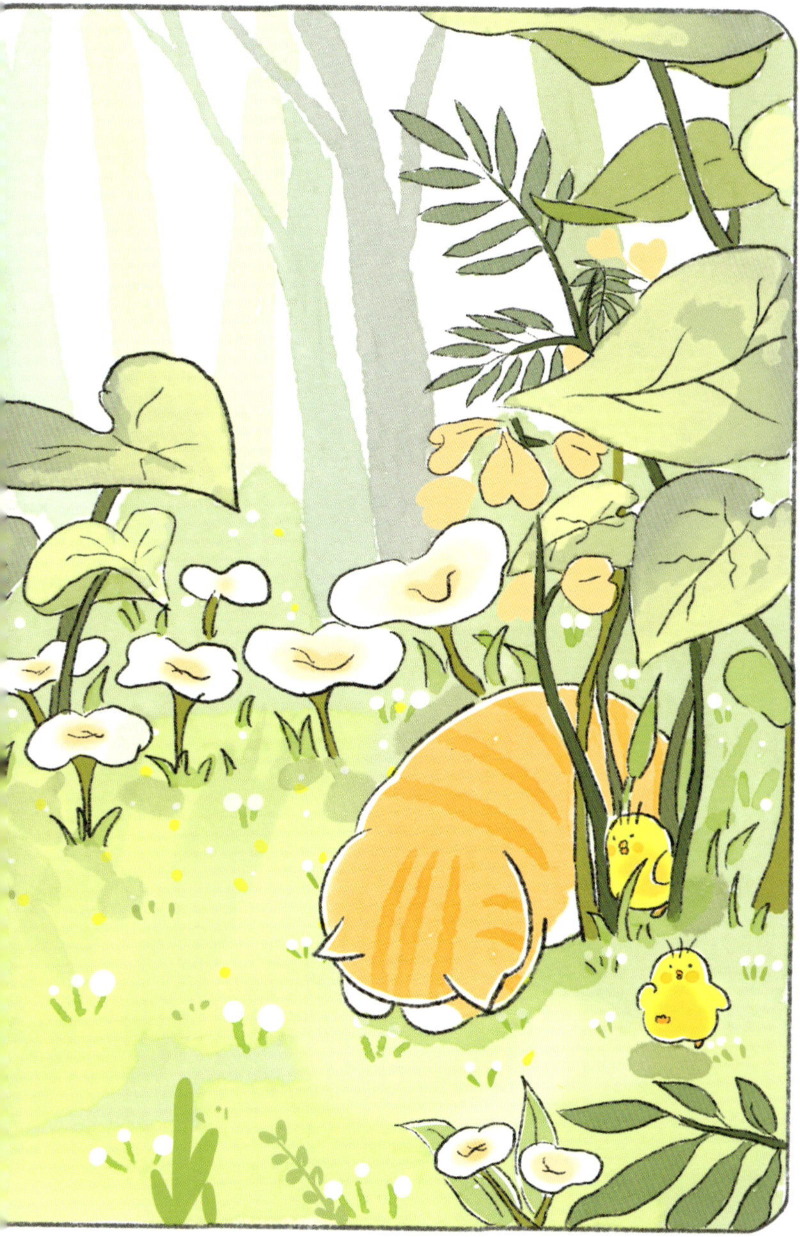

Chapter 2

別說人類不知道

天空的祕密

我有一個朋友的祕密要告訴你。
那是個一直陪伴在我身邊的朋友,
是個一直陪伴在你我身邊的朋友,
我們那位名為天空的朋友。

無論是什麼時候,無論是在什麼樣的日子裡,
無論是幸福還是痛苦時,
天空一直與我們同在,
地球上的每一個生命都有天空作伴。

當你仰望天空時,
天空會悄悄撫慰你的心靈和思緒,
讓生活的重擔慢慢變得輕盈。

因為天空代表著「虛空」,
往上看,就會感覺到遼闊。
放鬆眼睛,放寬心靈,讓思緒得以釋放。

虛空，
就是天空的祕密。
天空除了空無一物外，別無他物。
即使雨下得再大，電閃雷鳴，風雨交加，
天空仍然會保持著無盡的空曠。

天空中的雲就像我們的思緒一樣，
不斷湧現、飄動。
無論雲再多，天空仍然會保持著無盡的空曠。

雲會飄動，這很正常，
思緒會不斷湧現，也很正常。
但無論我們怎麼想，想得有多深，
最終，都會回到空無一物的原點。

「思緒從來不會傷害任何人,
執著於思緒,才會傷害到我們自己。」

樹教會我的事

我是一隻非常喜歡綠色的貓。

如果能躺在綠色的草地上,

在大樹上搖著尾巴玩耍,

這樣過一天,我就非常滿足了。

如果這個世界上沒有樹,
像我這樣的貓或是世界上的人們,
可能就無法生存了。

樹有很多不同的益處,
為地球提供了水分,
為生物提供了食物,
還是許多動物的棲息地。

除此之外,
樹還透過樹上的果子來教導我。
無論根系運作得多好,
無論樹幹多麼強壯,
就算葉子每天進行光合作用,
樹上的果子總會有壞的。

我們的生活也是如此。
即使我們盡力做到最好,仍然會遇到不好的事情。
這就是每一棵樹試著教導我們的。

每當季節循環,樹木結出果實,
身邊的樹木正試著告訴我們:
看看那些果子,
有些好,有些不好,
有些在未成熟時就落下,有些成熟後才落下。

每個結果都只是暫時的,
無論是好是壞,
最終都會落下,

像我這樣的貓,能做的就是盡力好好過日子。
得到的結果可能不盡人意,但也沒關係。
因為無論好壞,我們終究都要放手。
人類明白嗎?
「其實,就只是需要放下而已。」

看不見的項圈

你相信嗎?有一天我外出散步時,
看到一隻貓戴著項圈和牽繩,和人一起散步。
我覺得他很可憐,於是走過去跟他聊聊。

「你還好嗎?怎麼會被戴上項圈呢?
你的主人為什麼要這樣做呢?」

「沒關係啦,喵⋯⋯
因為主人他也被戴上了項圈,
我們一起戴,其實沒什麼大不了啦。」

「我的主人非常愛我。
但他也被戴上了看不見的項圈和牽繩。
無論他要做什麼,都會被牽著走。」

事實上就是這樣,
大多數人類往往不會獨立思考。
我們該做什麼?我們該喜歡什麼?
什麼才是好的?做什麼才會被稱讚?
必須先滑一滑社群媒體,
必須先看看新聞怎麼說。
呃……這位人類呀,你難道不想問問自己嗎?

人類確實被新聞媒體牽著走。

如果不相信,就回家打開衣櫃看看吧。

打開手機,看看你拍的照片吧。

真的有人了解名牌包包嗎?

這些牌子到底來自哪個國家?有誰能回答呢?

人們被束縛了,不自覺地被戴上了項圈,

被新聞和市場行銷牽著走。

最近流行崇拜哪位神明，
大家就會跟風，不曾回頭思考，
幾十年來，這一切都在不斷變化，
你有沒有想過，為什麼會有這樣的改變呢？

那段時間崇拜這位神，這段時間崇拜那位神，
之後會崇拜哪位神呢？
可能又得等別人來帶頭吧。

貓雖然被戴上項圈,但至少看得見,
人類戴在脖子上的項圈和牽繩卻看不見。
看不見時,自然不會想到要把它拿下來。

　　被牽著走時,也全然不自知,
任由自己被牽引著,跟隨著別人的意志。
「想到這一點,我就覺得人類很可憐,
就連『自己想一想』也可能做不到。」

祈求不可能的事

有一天,我經過寺廟,

鐘聲響起,

與誦經聲和諧地共鳴著。

很多人來到寺廟,

我好奇為什麼他們來這裡,於是走進去看看。

「祈求我只會遇到好事,

祈求我身體健康強壯,

祈求我能事事順心,拜託拜託。」

你們是認真的嗎⋯⋯?
像我這樣的貓,真的無法理解我所聽到的。
**人們為什麼要在佛像前騙自己,
祈求那些完全不可能發生的事情呢⋯⋯?**

你們覺得自己在祈求許願,
我這隻貓想問一句真心話:
你們所求的,真的有可能通通實現嗎⋯⋯?

在貓的眼中,

一切皆為常態,一切皆有可能發生。

你想找到一個生活中只遇到好事的人,

你想找到一個身體永遠強壯的人,

你想找到一個事事順心的人,

這樣的人真的存在嗎?

身為一隻貓,

無論我怎麼努力,

都無法理解人們在寺廟裡做的事情——

在佛像面前,說著不可能實現的謊言。

或許這就是原因吧,

人類活得比貓更痛苦的根源。

因為他們一直欺騙自己,

對不可能發生的事抱持著期望。

為什麼不試著看看周遭的人呢?

沒有人能這樣實現願望。

為什麼不試著接受事實呢?

「如果真的想得到幸福,
是不是要先停止對自己說謊呢?」

疲憊的幸福

每一隻貓,似乎天生就懂得如何過得幸福,
每個人都想要幸福,
但你知道嗎?幸福其實有兩種:
讓人感到疲憊的幸福和讓人感到放鬆的幸福。

那種需要去做、需要去創造、需要等待實現的幸福，

都是讓人感到疲憊的幸福。

雖然幸福，但讓人感到疲憊，

因為這是來自外在的幸福。

能放下、能停下來、不必做任何事就能感受到的幸福，

這種幸福不會讓人感到疲憊，

而是讓人能夠放鬆、休息、喘口氣。

因為這是來自我們內心的幸福。

讓人感到疲憊的幸福，
在貓的語言中，不被稱為幸福，
更像是一種讓人快樂的痛苦。

我還記得，很久以前有一隻貓，
那隻貓非常好動，
幾乎每天都出去到處玩耍、跑跑跳跳。
雖然很開心，但也很累，
因為牠從不停歇，不曾好好休息。
最後牠漸漸生病，無聲無息地走了。
玩樂與幸福，其實是兩回事。

像我們這樣的貓喜歡睡覺,
安安靜靜地待著,
因為在這些時候,我們正感到幸福。
不需要努力,不需要爭取,
發自內心的幸福才是幸福。

在我們這些與人類共度時光的貓咪眼中,
人類越來越容易感到痛苦,
看似快樂,其實是種痛苦,
人類誤以為那就是幸福。
這樣的痛苦,為什麼人類仍繼續稱它為幸福呢?

**「比起將輪刃視為蓮花,
把痛苦視為幸福更加可怕呀,親愛的人類們。」**

從未預料到的事

老實說，在你的生活中，

有沒有發生過一些事情，是你從未預料到的？

不太可能吧……

就算你說是真的，可別以為我這隻貓會輕易相信唷。

因為在我的感覺中，

世界上有數以億計的人類，

每天手機裡的新聞就有成千上萬則，

地球上可能會發生的事情，

經過了幾百年，

應該早就發生過無數次了。

很多人會感到痛苦，

是因為發生了自己從未想過的事情。

但是，既然任何事情都有可能發生在我們身上，

那又怎麼能說「從來沒想過會發生」呢？

「一切眾生,
以生為常理,以衰為根本,
以死為歸處,以業為主導。」

佛陀已經教導了幾千年,
為什麼人類仍然不願意真正理解,
不願意預想這一切終將發生呢?

「會發生的，終究會發生。

不會發生的，就不會發生。

凡是發生的事情，都是該發生的。」

這是再普通不過的因果定律，

像我這隻曾經聽過佛理的貓，也能稍微明白呢。

「這個世界上，其實沒有我們無法預料的事情，

我們能夠想像到每一件事，

只是願不願意接受而已。」

當事情發生時，我這樣的貓咪都能接受。

那為什麼人類遇到了，卻無法接受呢？

「身為人類，不要煩惱太多，

有時候，學著接受，也就足夠了。」

痛苦的種子

我知道，沒有人喜歡痛苦，
但奇怪的是，大家卻都在默默種下痛苦的種子。
這些種子一天天被澆水、被呵護，
終有一天，就會真的長成痛苦本身。

這些痛苦的種子，
我們卻稱之為——幸福。

其實,事情真的是這樣。
幸福,其實是一種痛苦的種子,
當我們把執著灌注其中時,
幸福就會漸漸長成了痛苦。

事實上,幸福並不會讓任何人感到痛苦,
但是,對幸福的執著,
會讓幸福變成痛苦的根源。
越是執著於幸福,就越會有更多的痛苦。

因為讓我們感到幸福的事並非永恆不變,
我們無法永遠維持著幸福的狀態。
幸福因為新的事物而來,而這些事物終究會老舊;
幸福因為健康而來,但有一天我們都會生病;
幸福因為所愛的人在我們身邊而生,
但有一天他們也會離我們而去。
**「無論是因為什麼而感到幸福,
當我們執著於它的時候,痛苦也就即將隨之而來。」**

幸福單純只是幸福,

或是可能變成痛苦,

取決於我們自己是否執著。

大多數的貓不會執著於任何事物,

因為根本也抓不住呀。

如果仍然想要執著,那就真的太傻了。

貓咪已經提醒你囉,喵〜

記憶和感覺

你知道嗎?

為什麼貓的生活如此輕鬆呢?

喵喵叫、舔舔毛,

然後蜷縮起來睡著。

其實真的很簡單,沒有什麼困難的。

貓不會想得太複雜,

我們不太依賴記憶,而是依賴「感覺」,

感覺到什麼,我們就會那樣做。

貓咪相信自己的感覺。

但人類經常執著於回憶，
對過去感到習慣，對回憶無法忘懷，
思緒常常被影響，對現實的理解也扭曲了。
原本可以簡單的生活，卻變得越來越複雜。

曾遭遇一件不好的事情，
曾經歷一次讓人傷心的體驗，
並不意味著生活會永遠那麼艱難。

此刻心中那份輕鬆自在的感覺，
比過去的回憶更加珍貴。
**「不要因為過去的回憶，
傷害了當下美好的感受。」**

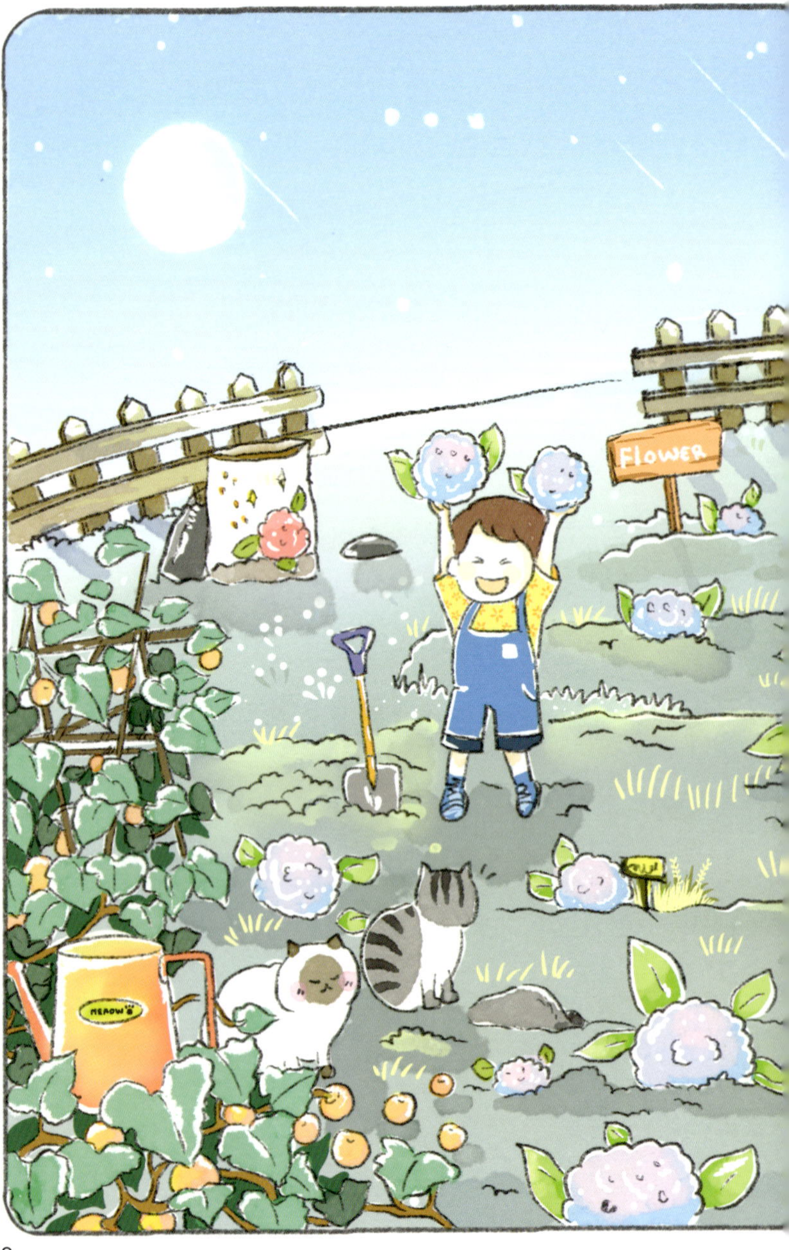
FLOWER
MEAOW

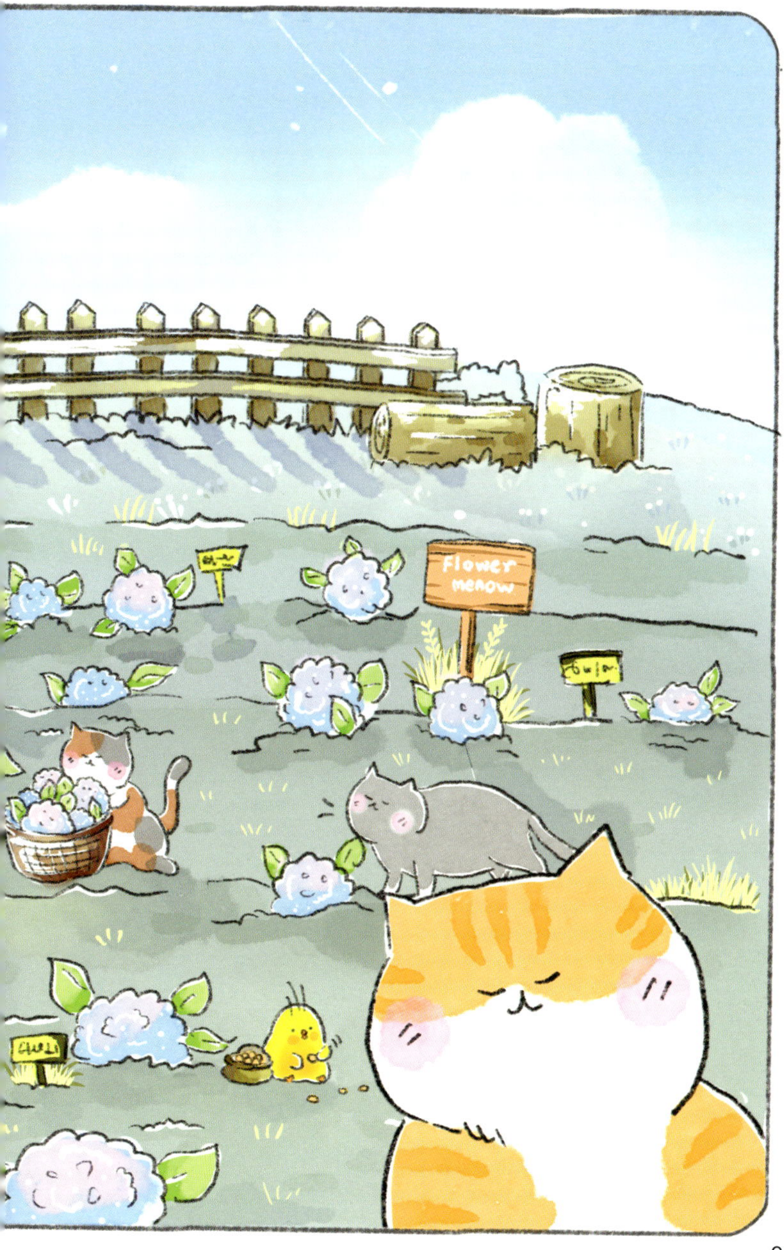
Flower
meow

Chapter 3

就連貓也能懂

平常事

今天我覺得很輕鬆自在,想整天都躺著。
昨天也是這樣的感覺,
明天應該也會像往常一樣。

貓的生活每天都看起來很輕鬆自在,
那是因為我們從不忘記某些真理,
而這種真理被稱為——**平常心**。

這個世界上有很多真理，

貓可能不知道每一個，

但我們懂一個道理，

那就是「平常心」。

在貓的世界裡，

我們沒有大事或小事，

沒有問題或挑戰，

沒有對或錯，

因為每件事情都只是正常發生的平常事。

所謂的「平常事」,
就是經常發生,再自然不過。
沒有什麼值得驚訝,
沒有什麼令人意外。
無論發生了什麼,都只是很平常的事。

事出必有因,
沒有一件事是偶然出現的,
一切都是順著因果自然發生的。

就是這麼簡單。
「當我們理解一切都是平常事,
那我們又何必對這些事耿耿於懷呢?」

89

吸魂相機

當我前世還是小孩的時候，
曾經和媽媽一起去看露天電影，
我那時候非常害怕，
因為放映的是一部關於「吸魂相機」的電影。

媽媽笑著對我說：
「孩子，那不是真的。
沒有什麼相機能吸取人的靈魂。」

過了幾年,歲月如流。

嗯……媽媽,我想跟你說,

現在的世界,已經發展出能吸取靈魂的相機了呢。

人們就像喪失了理智,無法停止拍照了。

現代人用相機或是手機,

越拍越停不下來,不斷拚命拍、拍、拍。

只要一開始拍照,就會一直拍下去,

拍到幾乎沒命了還在拍。

吃飯之前,不管要做什麼,一定要先拍照。
旅行時,有沒有好好欣賞風景也不知道,
因為整路都在拍照。

去運動、去做什麼事,都必須拍照。

這種情況太常見了。
人類的靈魂和理智肯定是被相機吸走了。
人只要拍過照,
從此以後大概會拍到手指抽筋,
像想參加攝影比賽拿冠軍一樣狂拍吧。

我們拍照是為了留住回憶,這樣說也沒錯。
但說起來也滿奇怪的──
你做了一件事,事後最深刻的回憶,
卻可能只剩下「當時我在拍照」。

其實,感受比照片要美好得多。
有時候只顧著拍照,
反而忽略了當下的感受。
「如果能多在乎自己的感受,而不只是在意照片,
或許,才能真正感到有趣和快樂吧。」

歌曲

這些音樂真的很好聽,我的心都靜了下來。

即使我是一隻貓,

我也喜歡聽音樂,

因為那能讓我放鬆心靈。

人類對歌曲和音樂的喜愛,

從好久好久以前就開始了。

音樂源自於大自然中各種聲音的交織。

雨落在水面上的聲響，

風吹拂竹林的沙沙聲，

鳥兒呼朋引伴的歌唱，

朽木裡的青蛙低沉的鳴叫。

人們在過去聽到大自然的聲音並感到放鬆時，

便努力製作模仿大自然聲音的樂器。

從那之後，音樂和歌曲誕生了，

能夠讓人們感到放鬆。

為什麼音樂會讓人感到放鬆呢？
我這隻貓對這件事很感興趣。

當我們感到放鬆時，
代表在這之前，我們可能不知不覺地感到緊張。
我們太認真做事，並且抱有太多期待，
我們太全神貫注，沉浸於思考之中。

聽音樂時，需要去感受。
當旋律響起，
我們的注意力就會從思考轉移到感受上，
因此，我們才能感到放鬆。

感受,是生活中很重要的組成部分。
如果想讓生活過得輕鬆自在,
就不要只專注於思考,而忽略了感受。

「聽音樂」就是聆聽內心的感受,
不要只顧著聽外界的音樂,
而忽略了內在的旋律——也就是我們內心的感受。

「仔細聆聽,幸福其實早已存在於你心中。
幸福,其實就是這麼簡單⋯⋯」

改變性格的水

在古老的時代,
一位獵人進入森林採集,準備帶回去販售。
在回程路上,他經過了森林中的一個池塘。

那個池塘位於一棵大樹下,
樹上的果實常常掉進水中。
多年來,果實不斷掉落,
普通的池水漸漸變成了酒。

那位獵人品嚐到酒的滋味後，
愛不釋手，立刻帶了一些回家。
森林中的一隻猴子也想知道這酒是不是真的能喝，
於是跟了上去。

獵人回到家後，
便與朋友一起喝酒，直到爛醉如泥。
喝醉後，他們走不穩，就四肢著地用爬的。
喝醉後，他們開始亂吃嘔吐物和排泄物。
喝醉後，他們什麼事都做得出來，完全失去了理智。

猴子驚慌失措地跑回森林,
正看見動物們正低頭準備喝酒,
趕緊警告朋友們:
「不要喝!不要喝!這水絕對有問題。
即使是人類這種高等動物,喝下去之後都會變成野獸,
用四肢爬行,吃自己的排泄物,完全失控!
不要喝!大家千萬不要喝!」
從那時起,動物們就再也不敢喝那池酒水了。

那天,我躺著聽了這個故事,
是一隻年老的烏龜講給我聽的,
這是關於酒的起源,
動物們流傳下來的傳說。

「對動物來說有問題的水,卻成了極受人類歡迎的飲料。」
從古代的酒開始,
至今已經發展出無數酒精飲料。

少量飲酒可能對身體有益，
但過量飲酒確實對身體有害，
理智還會隨著飲酒量增加而逐漸消失。

現代的人類越來越喜歡以喝酒來慶祝。
「慶祝」的意思原本是讚揚或表達喜悅，
這種慶祝的方式卻會讓人漸漸失去理智。

像我這樣的貓無法理解,
「如果只是因為跟隨社會風氣,不假思索地喝酒,
為什麼要說自己在慶祝呢?喵……」

陽光

哎呀……喵～陽光真刺眼！
如果有貓咪專用太陽眼鏡就好了。

在這樣陽光明媚、萬里無雲的日子裡，
無論眼睛瞇得有多小，
也躲不過這麼耀眼的陽光呀。

陽光也像地球上的所有事物一樣，
既有優點也有缺點，這是很正常的事。

太陽為地球帶來光明，
讓我們能看見，能感受到溫暖，
也讓世界維持平衡，讓樹木得以生長。
如果沒有太陽光，萬物可能根本無法生存。

但也有些動物不喜歡光亮，
只在沒有光的時候出來活動，
像是蝙蝠、貓頭鷹等等。

有些人類也是如此，
不喜歡陽光、害怕陽光。
「哎呀……皮膚要曬黑了！」
「哎呀……臉要暗沉了！」
「哎呀……好熱啊！！」

也不知道是人類太愛抱怨，還是陽光真的很糟糕呢？

實際上，陽光只是來自太陽的光線罷了。
得到好處的人會認為它是好的，
得到壞處的人會認為它是不好的。
所謂的好與壞，其實取決於每個人的得與失，
是根據個人的想法判斷的。

世界上的一切，包括我們自己，也都是如此。

不要讓任何人評斷自己，

也不要急著否定自我。

每樣事物本來就有好有壞，這再正常不過了。

「貓即使有缺點也不會感到痛苦，
那為什麼人類要為自認的缺點而不快樂呢？」

看不見的事物

你對於看不見的事物有什麼看法？
呃……我不是要跟你講鬼故事啦。
我說的是「我們的想法」，
那些看不見卻一直存在的事物。

在貓的感受中,
看不見的事物沒有什麼意義,
因為——就看不見呀。
像我們這樣的貓,對於能看到、觸碰到的事物更感興趣。

當我們不小心地陷入執念時,
這些看不見的事物才會變得清晰。

「自己思考,自己執著,然後又自己煩惱。」
這就是所謂的「看不見的事物」。

在貓的世界裡，

每隻貓都根據眼前所見來過生活。

因為對於貓來說，光是看得見的一切，就已經夠豐富了。

我們還需要在意和擔心那些看不見的事物嗎？

如果是人類，幸福似乎就很難獲得了。

光是要小心看得見的事物還不夠，

還得煩惱那些看不見的事物，

我很想認真問問你們：這樣難道不會太多了嗎？

擔心所想的、害怕所見的,
這就是人性的真實寫照。

那些看不見的事物,其實只是想法而已。
它可能會發生,也可能不會發生。
那為什麼不選擇好好活在當下,
專注於正在發生的事呢?
此時此刻和眼前的事情,才是最真實的。

「太過害怕、太過擔心,
對於還沒發生的事情,這樣又有什麼意義呢?
等到真的發生時再去害怕,也還來得及呀。」

未擁有

「沒有」這個詞是人類最害怕的。

人們害怕到我常常聽到他們這樣祈願：

「祈求我不會遇到『沒有』這種事。阿彌陀佛……」

我經常聽到這樣的話。

其實,「沒有」也有它的優點。

當我們沒有什麼的時候,

就不必為它擔心了。

當我們擁有某樣事物,

就會從中獲得幸福。

但我們也會開始擔心,

害怕失去自己所擁有的。

「擁有」必定會伴隨幸福與痛苦,

這就是「擁有」的真相。

像我這樣的貓,擁有的不多。

「未擁有的時候,就不需要為那些事擔心。

來自於『沒有』的幸福,其實也很不錯。」

言語

喵～喵～喵～

這一世，我轉世為一隻貓，

無論想了多少、想說什麼，

能發出的聲音，也就只有「喵」這個字。

人類的聲音和言語就能清楚地溝通，
這個、那個、那裡，想解釋什麼、想敘述什麼，
一切都可以用言語來準確表達。

可以解釋一切、什麼都可以說的言語，
其實就像一把雙面刃。
一面為正面，像說好話的時候。
另一面為負面，像說壞話的時候。
所以呀，人類必須小心說話才行。

至於貓咪，就不用注意言行了，
因為我們只能用一種聲音說話。
因為不用說話，所以生活單純多了。
想的是好是壞，只有自己知道，
無法透過言語來傳達。

> 只會喵喵叫，有夠煩人！

不過，無論我們多麼小心言行、再怎麼少說話，
你信不信，還是會有人不喜歡我們的言論，
這是很正常的事。

最終,言語也只是言語罷了。

它是好還是壞,

有益還是有害,

不僅僅取決於說話的人,

也取決於聽的人怎麼理解。

無論說得再好,如果聽的人不喜歡,那這些話就是不中聽。

無論說得再糟,如果聽的人喜歡,那這些話也可能是好聽話。

如果我們心念是好的,言語自然會是好的。

不需要特別練習說話,只要有好心思就夠了。

「一句話的好與壞,取決於聽的人如何解讀,

而不是說話的人。」

所以呢,少說一點才是好方法。

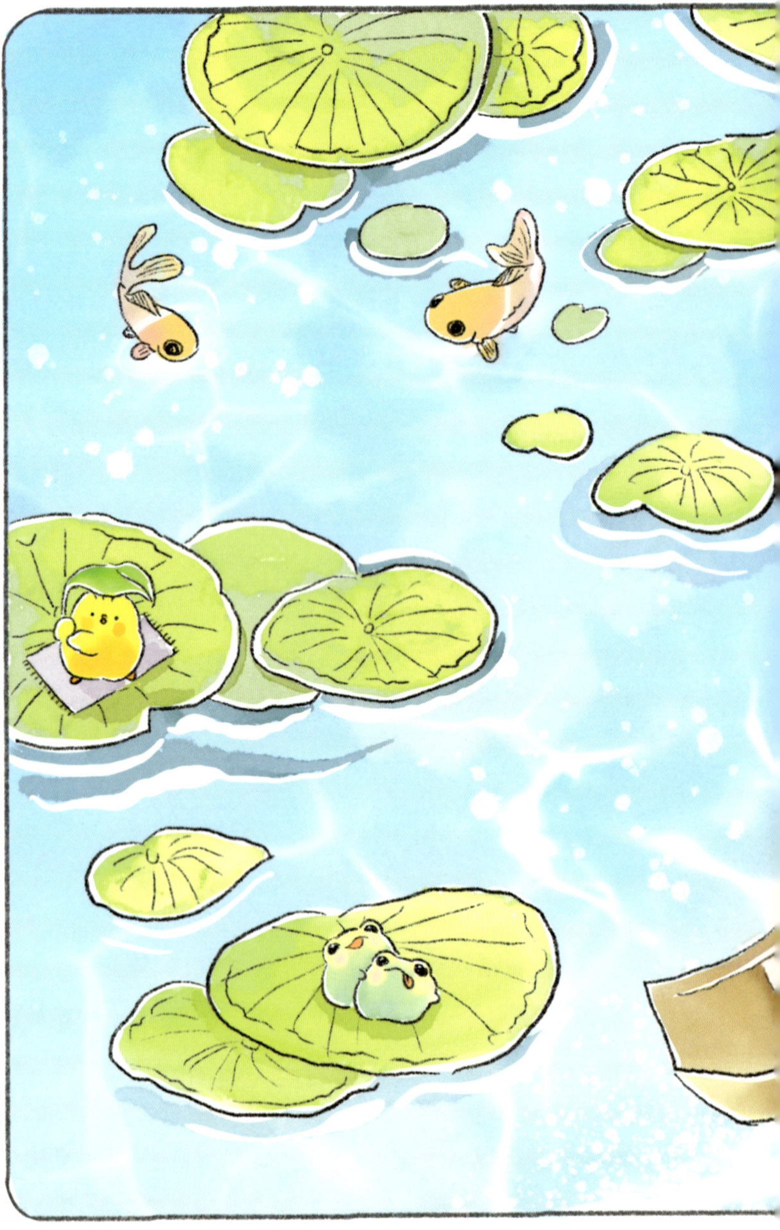

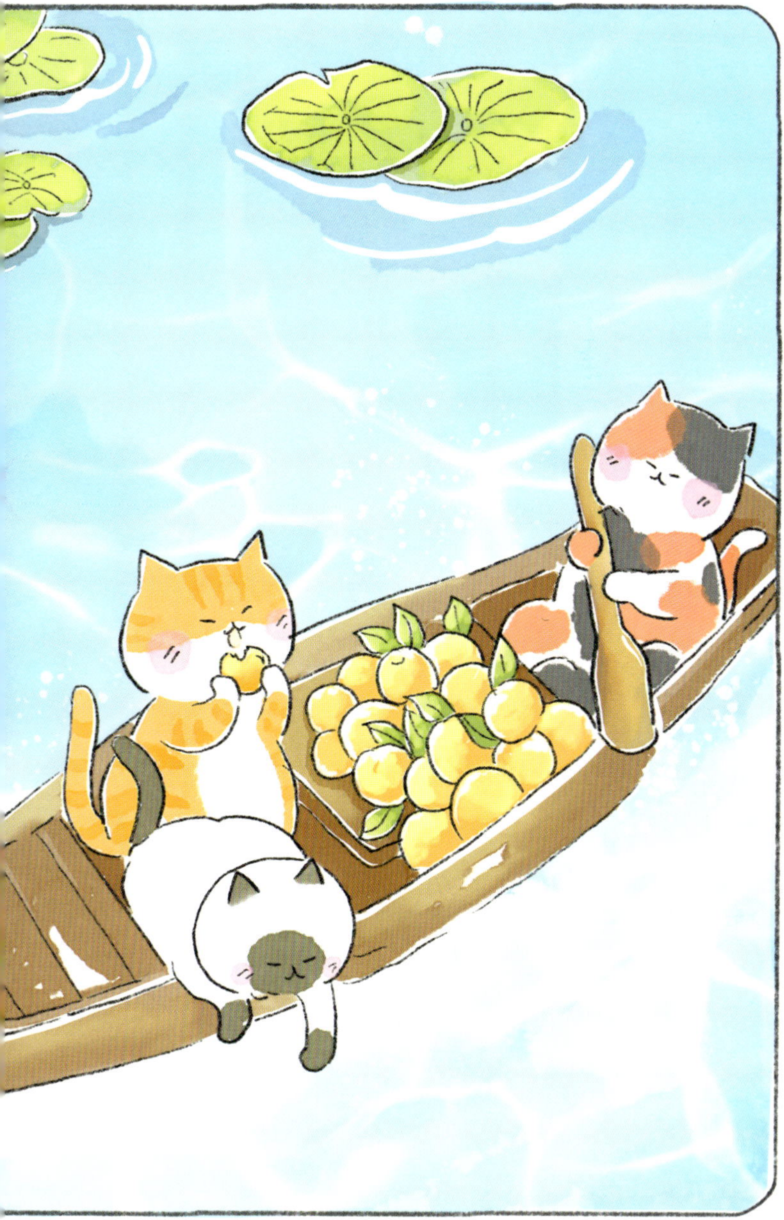

Chapter 4

人類也許只是忘記了

何謂幸福

樹葉飄動,微風吹拂,季節更迭,
我的貓咪生活還是一如往常。

今天我看到一群小雞跟著雞媽媽出去覓食,
這是一幅我常常看到的熟悉景象。

體型大大小小的小雞們都跟在雞媽媽後面。
有些跌倒了,有些撞在一起,有些互相打鬧,
即使如此,每隻小雞看起來都很幸福。

對於我們這樣的動物來說，
幸福真的就是這麼簡單。

不必等待願望實現的幸福，
這是幸福。
不必等待慶祝的幸福，
這也是幸福。
平凡的幸福不就是這樣嗎？
那為什麼對人類來說，
幸福看起來那麼難以實現呢？

什麼是幸福?

這是一個沒有標準答案的問題。

無論怎麼回答,都不會錯。

無論回答什麼,都是對的。

因為屬於自己的幸福,不需要和其他人一樣。

而別人的幸福,也不需要跟我們一樣。

幸福,來自我們內心的滿足。

不過呢,每隻貓咪的幸福其實都滿像的,

活著是幸福,吃得飽是幸福,睡得好是幸福,

身體健康也是幸福。

這些簡單的事情,就能讓我們感到幸福。

所以,貓咪的幸福真的很簡單。

對我這樣的貓，要解釋什麼是幸福，還真有點難。

不論是人類還是動物，我們都渴望幸福。

那麼，為什麼一定得讓幸福變得複雜又困難呢？

說到底，不就是想要「過得快樂」嗎？

幸福可以是任何模樣，

但請別把它變得這麼困難。

只要稍微滿足一點，幸福就會變得簡單一點。

「身為人類，你可以想得很多，但別讓滿足變得困難。

既然都來到這個世界了，就試著讓幸福簡單一點吧。」

親近的人

我有一件奇怪的事想說給你聽,
這是關於現代人類的奇怪現象,
跟**「親近的人」**這個詞有關。

「親近的人」或「親密的人」通常是指親密的朋友或家人。
在人的生活中,往往沒有太多這樣的人,
只有那些與自己長久相處、共同經歷許多事情的人,
才能被歸類為「親近的人」。

在貓的認知中，

越是親近、越是親密，

我們就越是重視，時時刻刻放在心上。

無論發生什麼事，都會先考慮到他們，

因為他們是「親近的人」。

然而,現代人類最奇怪的一點是:
他們往往不太關心「親近的人」,
反而更在乎那些「不熟的人」,
對他們更加顧慮和尊重。

於是,親近的人,像是家人,
反而沒有那麼重要了。
不是說不被重視,但總是被排在後面,
得先等你照顧好不熟的人再說。

如果有一天，我們必須同時向親近的人及不熟的人告別，
你會更為誰感到傷心呢？
答案肯定是那個親近的人。

別等到發生遺憾了，才後悔沒有照顧好眼前的人，
生命最終都會走到離別，
不如現在開始好好關愛親近的人吧。
貓咪真心地提醒你。

家

今天我要來炫耀一下我的新家!

我的舊家是個裝橘子的紙箱,已經被我抓壞了。

現在這個新家,是一個大很多的紙箱呢!

有一個家是很正常的事。

貓有家，人也有家，

所有的動物也都有自己的家。

無論是人的房子、鳥巢、貓的紙箱，

我們每天回來休息睡覺的地方，那就是家。

但你知道嗎？

即使我們可能有很多間房子、很多塊土地，

我們真正居住的地方只有一個，

那就是自己的心。

我們的痛苦和幸福，都發生在心裡。

每當感到幸福時,我們都是在心裡感到幸福。
每當感到痛苦時,我們都是在心裡感到痛苦。

即使我們在外面有多漂亮的房子，
擁有多少土地，
如果我們的內心仍然感到痛苦，
那麼外在的一切，又有什麼意義呢？
它們都無法讓我們真正感到幸福，
因此，我們應該回過頭來，照顧好內在的家，
也就是自己的心。

有些人類甚至更奇怪，
買了很多間房子，買了好幾塊地，
自己的錢不夠，還去向別人借錢來買，
最後貸款都還不起，只會帶來痛苦。

雖然我這隻貓也有很多個家，
有好幾個喜歡的紙箱，
但我不曾忘記：

真正需要好好守護的家其實只有一個，那就是自己的心。
無論你想做什麼，都別忘記照顧自己的內心，
這樣就足夠了。

工作

今天我安排了很多事情,

我還整理出一份行程表。

雖然項目很多,

但我這隻貓打算一件一件做到。

早上:

1.跟小雞一起散步

2.收集葉子鋪成床

3.爬上樹看看風景

4.睡覺

下午:

5.隨意找東西吃

6.去溪邊喝水

7.睡覺

晚上:

8.再找點東西吃

9.跟小雞一起走回家

10.睡覺

我想做的事情看起來可能不太重要，
但每一件事都藏著重要的本質，
那就是——做起來舒服自在。

即使人類離不開錢，
為了賺錢而必須工作，
但人類不應該忘記，
每次在做事之前，最應該放在心上的，
就是「心裡是否舒服自在」。

即使工作再辛苦，即使問題再多，
我們也能選擇先讓心情安穩下來，再去處理、面對。

「不舒服」的感覺就是在告訴我們，
我們的「心」不舒服了，
與其他事情無關，
只關乎我們自己的內心狀態。

工作有問題,就是工作的事情。

但心不舒服,就是心的事情。

這本來就是分開的事,

我們不必讓自己的心跟工作一起出現問題。

工作中的生活就是這樣的,

不論還要再工作多少年,

總是有可能發生錯誤、出現問題。

「當你接受錯誤是工作中正常的一部分,
那些問題,其實也就不算問題了。」

無論你要做什麼,都別忘了——

先讓自己的心裡舒服了,再去做吧。

過橋

當有河流經過時,
用來過路的橋自然會被建造。

很多時候,我們生活中發生的事情,
就像眼前那座等待經過的橋一樣。

這座橋有多高、多陡,
就像生活中的問題有多難。

問題越困難,橋就越陡峭。
問題越簡單,橋就越平坦。

再來看看這邊,
有一個人正推著推車過橋,
推車上的行李越多,
過橋的難度也就會越高。

推車上的行李,
就像我們加在身上的各種條件,
條件越多,負擔就越沉,
也就越難跨過那座橋。

對於我這隻貓來說,
過橋非常簡單,
一點都不複雜。

我只需要簡單地走過去,
看看鳥兒、樹木和風景,
想做什麼就做什麼,只要走過橋就好。

無論橋有多陡峭或多平坦，
都只是我們必須爬過的一座橋，
就像生活中不可避免的某個問題。
**當沒有太多條件或負擔時，
我們只需要繼續前進就好。**

過橋有多難或多簡單，關鍵不在於橋本身，
而在於我們的負擔有多少。

即使你有很多條件、很多規則，
當你走到某一座橋，遇到某一個問題時，
先放下這些再跨過去，會不會比較好呢？
**「如果不想被貓咪笑的話，
就先試著放下條件，再來解決問題吧。」**

硬幣的兩面

有一天,我看到小雞躺在地上哭,
我覺得他可能遇到不開心的事情,
於是拿了一枚硬幣給他,
並告訴他為什麼硬幣總是有不一樣的兩個面。

在很久很久以前，
每一枚硬幣都有兩個相同的面，
無論從哪一面看，
我們都會看到相同的圖案。

後來，一位貓神為了向貓咪們揭示生命的真相，
就在每一枚硬幣上施了咒語，
讓所有硬幣的兩面都不再相同。
從那天開始，
世界上的每一枚硬幣，都有了兩個不同的面。

硬幣就像發生在我們身上的事情,
無論發生了什麼事,
總會有另一面,另一個我們可以選擇的角度,
接下來就取決於我們選擇看哪一面。

如果選擇看壞的一面,那就會感到痛苦;
如果選擇看好的一面,那就會感到幸福。

生活中的每件事情,
其實都藏著好的一面值得一看。
是幸福還是痛苦,
都取決於我們想看哪一面。

已經發生的事情無法改變,

但我們可以選擇如何看待它。

這就是為什麼,在相同的情況下,

有些人感到痛苦,有些人卻不以為意。

你有沒有想過,為什麼別人能感到幸福,

自己卻不得不陷入痛苦中呢?

硬幣有兩面可以選擇,眼前的例子也有很多,

如果不懂得換個角度看,又能責怪誰呢?

「別在換個角度看之前,就先選擇感到痛苦,
然後怪罪發生的事情,
卻忘了反思,是自己沒有好好選擇怎麼看待它。」

孤獨的美好

今天小雞不在,
所以我得自己一隻貓過日子。
一隻貓散步,一隻貓找事做,
一隻貓吃飯,一整天都是獨自一隻貓。

在孤獨的感覺中，

我卻遇見另一個朋友，

一個有時許久未見的老朋友，

他就是——**「我自己」**。

「自己」是一個奇妙的存在。

有時候似乎很熟悉，

有時候卻又感到很陌生，

有時候甚至會覺得對自己一無所知。

有時候獨自一個人,
是認識、了解自己的好機會。
為什麼那天我會那樣做?
為什麼昨天我會那樣說?
如果不了解自己做的事,
就必須反思,好好問問自己。

有時候我們的想法改變得太快，
行動變得不像平常的自己，
為自己和別人帶來困擾，
還因為這些行為而感到不舒服、不自在。

所以我們應該多問問自己，
試著傾聽自己的內心。
別老是顧著看手機，不知道在玩什麼，
滑著滑著就不小心睡著了。

每一隻貓都很了解自己，
人類呢？雖然什麼都懂，
卻不太清楚最應該了解的事情。
貓咪經常偷偷議論著人類：
「什麼都懂，就是不懂自己。」

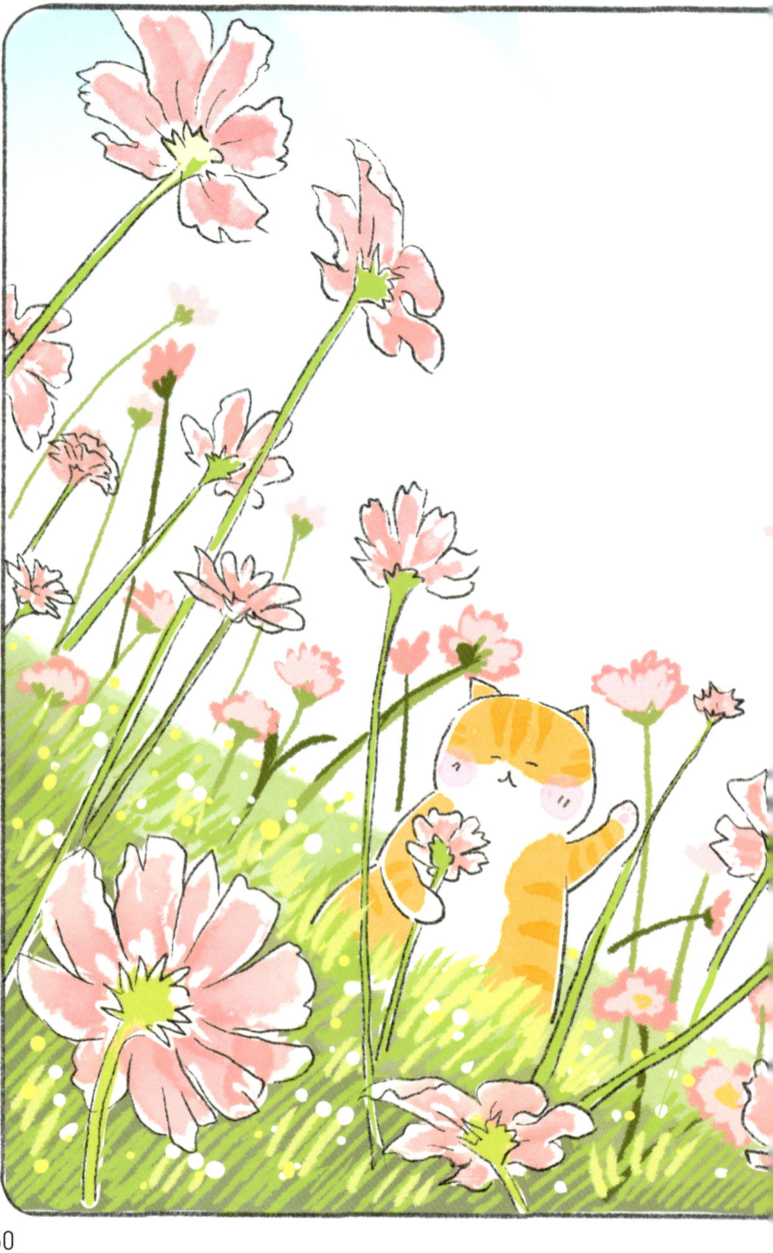

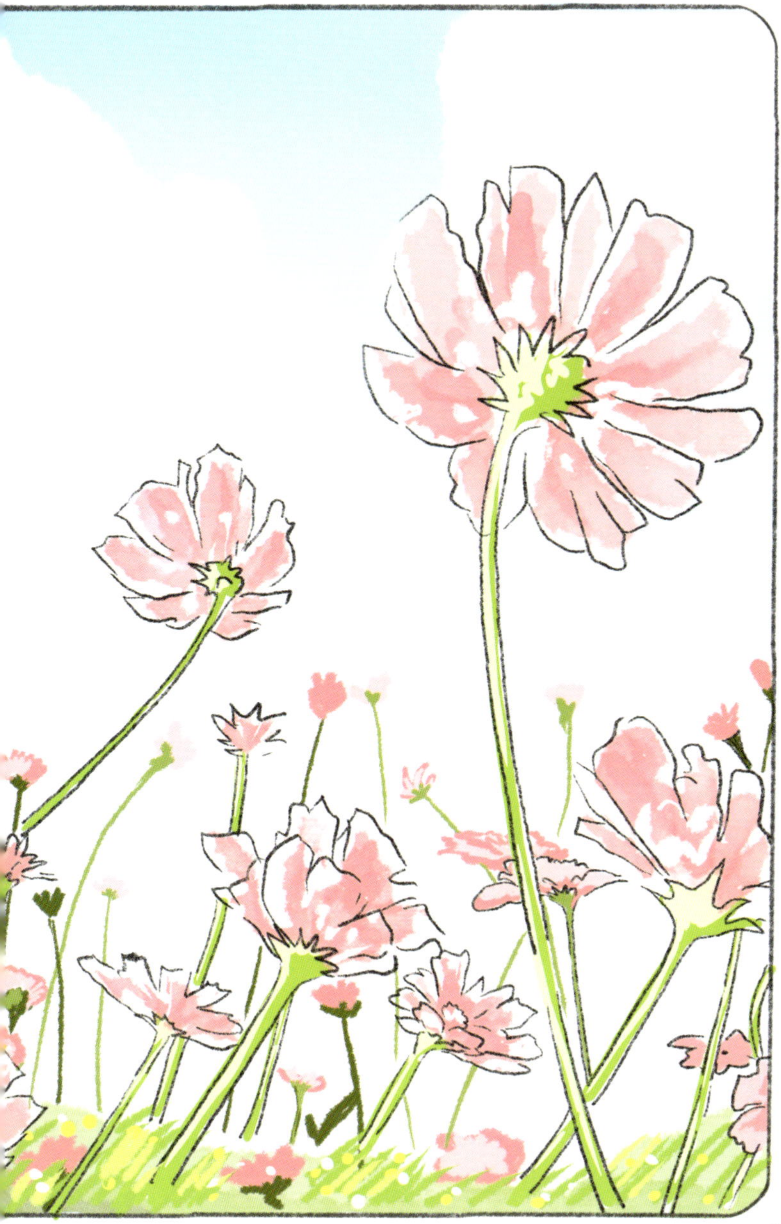

事實就是這樣，
幸福，也許本來就沒有明確的定義。
就是如此，
幸福，也許從來沒有固定的形式。

因為幸福其實只是一種感覺，
一種放鬆和安心的感覺，
一種可以什麼都不去想的感覺，
一旦感受到，內心就已經被悄悄填滿了。

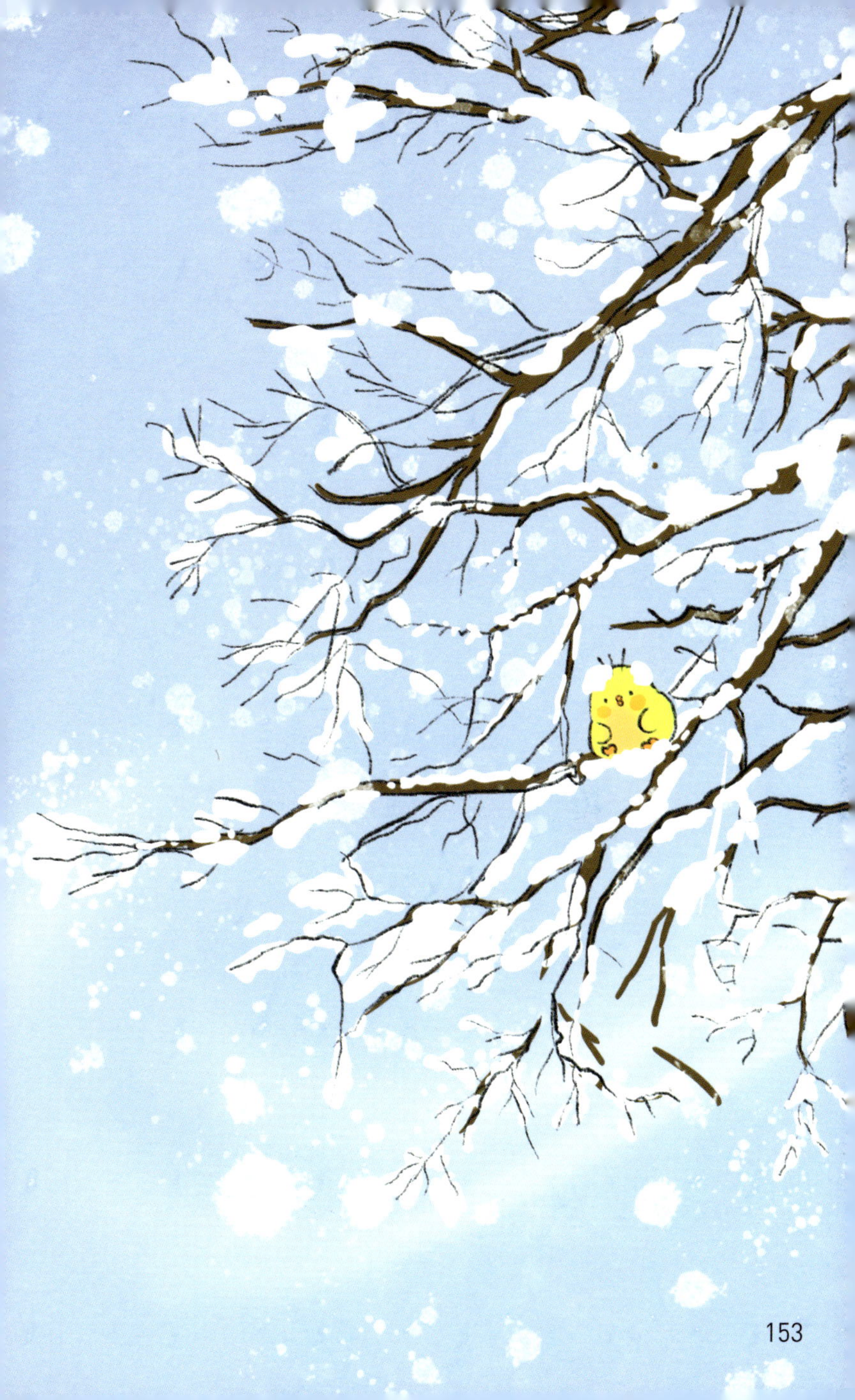

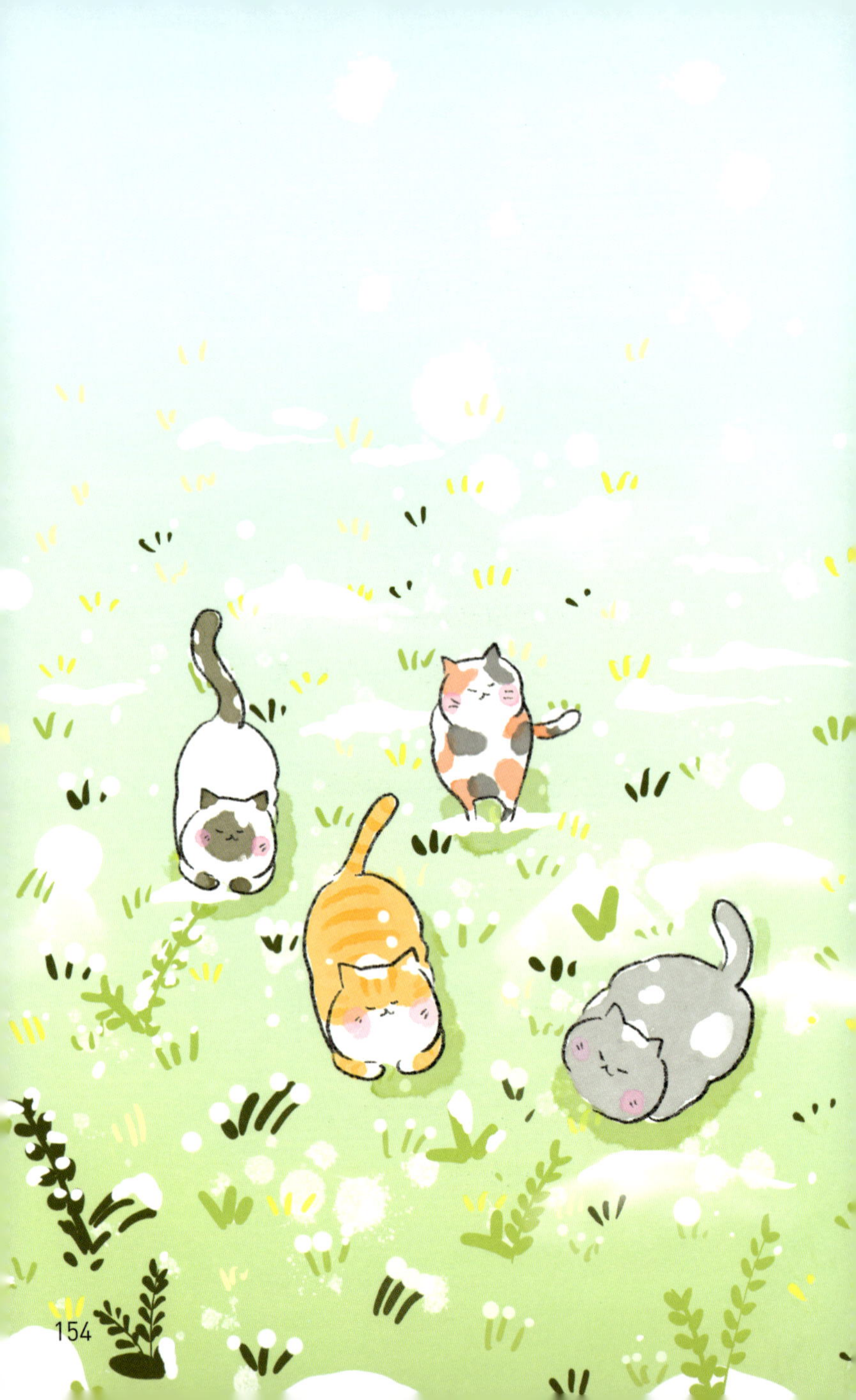

因此，幸福更注重感受，而不是行動。

**「不要總是模仿別人的做法，
卻忘了去感受自己是否真的幸福。」**

很多時候，那些模仿來的行為，
我們在做的當下，其實並不快樂。

那些需要去實行、去創造的幸福，
說穿了，只是種讓人疲憊的快感罷了，
多半只是為了滿足自己的某個想法。

既然幸福只是一種感覺，
我們更該學著在乎彼此的感受，
而不是拚命做些什麼，創造幸福的模樣。

有些時候，只要我們選擇「不去做」──

**「只要單純地『不去做』……
幸福就會來了。」**

因為幸福是一種發自內心的感覺，
即使什麼都不做，
也能感覺得到幸福。

不需要模仿，只要「不去做」，
幸福就會出現。

不需要生氣，只要「不去做」，
幸福就會到來。

不需要互找麻煩，只要「不去做」，
幸福就會滋長。

不需要設下條件，只要「不去做」，
幸福就會存在。

「什麼都不必做的幸福，
就是發自內心的幸福，
而這，才是真正的幸福。」

幸福,其實並不難,
幸福,不需要擁有太多,
是我們把幸福想得太複雜了。

「只要什麼都不做,
那怎麼會困難呢?
想擁有真正的幸福,
就需要有一顆清醒覺察的心。」

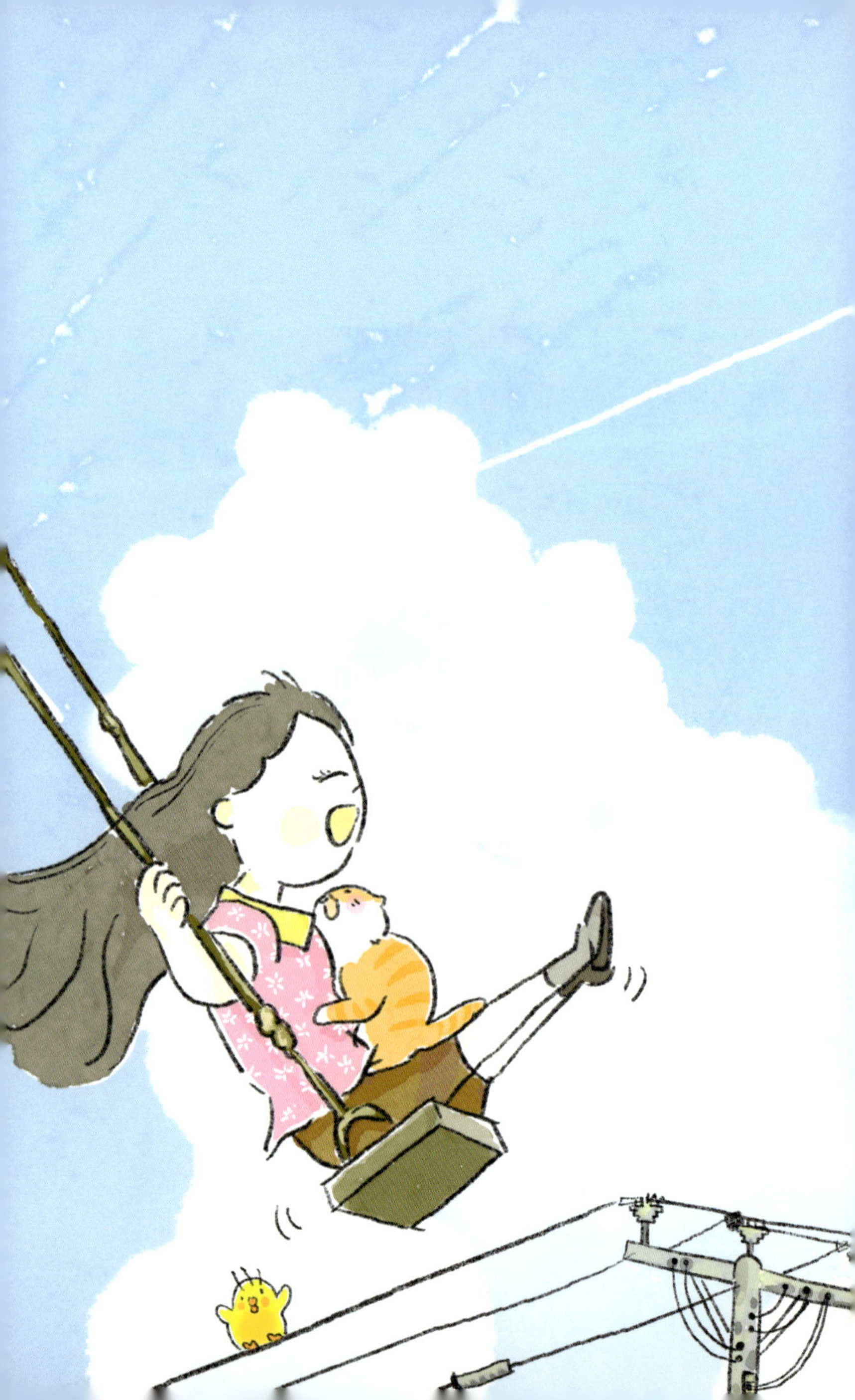

插畫家致謝

在第一本書出版不久後,

收到了很多正面迴響,給予我很大的鼓勵。

到了第二本書,我再次得到繪製插圖的機會。

緊張感和挑戰感依然存在,

甚至更強烈了,

因為這次要面對有限的時間帶來的考驗,

但我還是撐過來了。

我想感謝那些幫助我整理想法、提供指導的前輩們,

讓我能夠順利按時完成任務。

我非常高興能有機會再次繪圖,

因此,這次我也全心全意做到最好。

這是又一本令我引以為傲的作品。

帕納查功・尤薩拜

(พนัชกร อยู่สะบาย Panatchakon Yusabai)

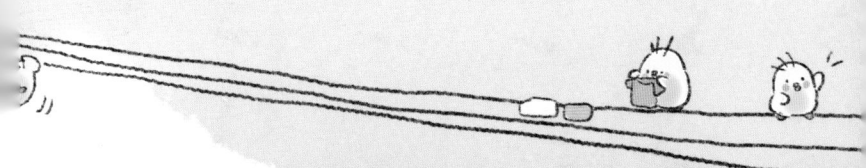

高寶書版集團
gobooks.com.tw

NW 301
轉世為貓咪後，生活剛剛好就美好 2
不假裝，不勉強，有時什麼都不做，才是幸福

作　者	柴雅帕・通甘班宗（ชัยพัฒน์ ทองคำบรรจง Chaiyapat Tongkambunjong）
繪　者	帕納查功・尤薩拜（พนัชกร อยู่สะบาย Panatchakon Yusabai）
譯　者	Pailin Peilin
責任編輯	陳柔含
封面設計	林政嘉
內頁排版	賴姵均
企　劃	陳玟璇

發 行 人	朱凱蕾
出　版	英屬維京群島商高寶國際有限公司台灣分公司 Global Group Holdings, Ltd.
地　址	台北市內湖區洲子街 88 號 3 樓
網　址	gobooks.com.tw
電　話	(02) 27992788
電　郵	readers@gobooks.com.tw（讀者服務部）
傳　真	出版部 (02) 27990909　行銷部 (02) 27993088
郵政劃撥	19394552
戶　名	英屬維京群島商高寶國際有限公司台灣分公司
發　行	英屬維京群島商高寶國際有限公司台灣分公司
法律顧問	永然聯合法律事務所
初版日期	2025 年 05 月

原書名：ความสุขมันมียากขนาดนั้นเลยเหรอ?

Copyright © Athingbook
Original Thai edition © AS MEDIA CO.,LTD.
Complex Chinese edition © 2025

The Complex Chinese translation rights arranged through Rightol Media
（Email:copyright@rightol.com）

國家圖書館出版品預行編目 (CIP) 資料

轉世為貓咪後，生活剛剛好就美好. 2, 不假裝, 不勉強, 有時什麼都不做, 才是幸福 / 柴雅帕.通甘班宗著；帕納查功.尤薩拜繪；Pailin Peilin 譯. -- 初版. -- 臺北市：英屬維京群島商高寶國際有限公司臺灣分公司, 2025.05

面；　公分.--

ISBN 978-626-402-241-5(平裝)

1.CST：人生哲學　2.CST：生活指導

191.9　　　　　　　　　　　　　　114004415

凡本著作任何圖片、文字及其他內容，
未經本公司同意授權者，
均不得擅自重製、仿製或以其他方法加以侵害，
如一經查獲，必定追究到底，絕不寬貸。
版權所有　翻印必究